AF322406

Un Champion de Boxe

Prosper POEYTO

(TOTO)

SES DÉBUTS
SES COMBATS
SES VICTOIRES

PAR SIZONCE

C. MOUTOUÉ, IMP. PAU.

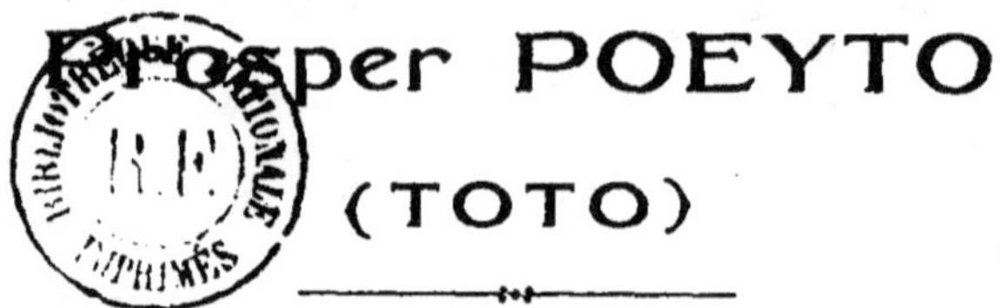

Prosper POEYTO
(TOTO)

Un soir que, dans l'enceinte de la Halle-Neuve, avaient lieu les rencontres du Championnat de boxe amateur de Béarn-Armagnacq-Bigorre, mon ami Cajal, me convia à assister à cette réunion qu'il qualifiait de sensationnelle.

Bien que légèrement sceptique, mais surtout pour être agréable à Cajal, je me rendis dans le grand pavillon de la Place Georges Clémenceau. Je vous jure que je n'eus pas l'occasion de le regretter.

Certes, oui, elle fut sensationnelle cette soirée, non peut-être par la réputation des combattants, mais par la sincérité, la conviction, la fougue, l'émulation, la belle ordonnance sportive qui présidèrent à la séance.

Cajal était à son poste de directeur des combats et, heureux de me voir à ses côtés, me dit:

« Dans un moment, vous aurez l'occasion d'admirer mon petit Toto, un futur champion, que je vous recommande pour ses remarquables qualités ».

Exagérait-il ? Peut-être. Quoi qu'il en fût, je ne voulus pas le contrarier et attendis la venue du fameux petit Toto. Tonnerre, mon Prince! quel rude petit gars. Dès son entrée sur le ring, je fus frappé de son sang-froid, de son intelligence, de son endurance et de sa bravoure. Je dois avouer que, des premiers, mes mains battirent et que, frénétiquement, j'acclamai le petit Toto. Il m'intéressait ce jeune boxeur. De loin, je suivis ses brillantes étapes et, captivé par ses succès, il m'arriva, tout récemment, de pénétrer un peu dans l'intimité de notre petit Béarnais. C'est l'amical bavardage avec Toto que je livre au public dans les pages qui vont suivre.

— Ah !.... vous désirez avoir des détails au sujet de mes combats et de mes championnats ? Eh bien ! je préfère que vous vous adressiez à M. Cajal, mon conseiller et entraîneur. C'est sous sa tutelle que j'ai commencé la boxe. Il a guidé tous mes entraînements, tant départementaux que régionaux ou nationaux. Il vous donnera le record officiel de mes 10 combats.

Justement, ce soir, à 9 heures, je dois aller à l'entraînement. Venez donc, je vous invite, vous êtes sûr de le trouver là, avec les autres élèves du Ring Béarnais qui, tous, s'entraînent sérieusement pour le championnat amateurs des novices. Soyez sûr qu'il sera très heureux de vous voir. Il vous fournira tous les renseignements nécessaires, beaucoup mieux que je ne pourrais le faire moi-même.

— Vous boxez depuis ?...

— Depuis combien de temps je boxe ? Voyons, j'aurai 18 ans le 4 Avril 1922. J'ai commencé ma culture physique, si je ne me trompe, au mois d'octobre 1919, à l'Académie Physique, avec M. Péguilhan : j'avais donc 15 ans et demi.

Les Débuts.

Un soir d'entraînement — c'était le mois de Janvier 1920 — M. Péguilhan nous présenta M. Cajal. Celui-ci assista, avec intérêt, à une séance de culture physique.

Quand nous eûmes fini, il m'appela, me posa quelques questions sur mes habitudes, ma profession, mes parents, etc... et me demanda si je tenais à apprendre la Boxe anglaise.

Je lui répondis que j'en serais très heureux.

« Ecoute, mon garçon, me dit-il : travaille sérieusement, comme tu le fais, ta culture physique. Je viendrai te voir de temps en temps ».

En effet, il manquait rarement une séance d'entraînement.

Quelque temps après, M. Péguilhan me dit :

« Toto, je t'ai recommandé à M. Cajal comme un garçon très sérieux et très bon élève. J'espère que tu suivras strictement ses conseils. Ils pourront te mener bien loin. »

Le lendemain, M. Cajal me confia :

« Tu m'as été recommandé par ton professeur de cul-
« ture physique. A partir de maintenant, je te prends
« sous ma tutelle, avec le consentement de tes parents
« et le tien. Je tâcherai de faire de toi un petit cham-
« pion. Ne quitte pas ton métier. Travaille toujours,
« Ecoute les bons conseils de tes parents. Quant à moi,
« je n'épargnerai rien pour ton succès. »

Voilà donc deux ans que j'ai commencé la boxe anglaise.

— Vos combas ?...

— J'ai participé à neuf combats officiels, 4 championnats départementaux ; 1 championnat régional, Béarn-Armagnac-Bigorre ; 3 combats officiels de défi et 2 combats pour le championnat Amateur de France. Je les ai tous gagnés. Je n'ai encore jamais été battu, sauf, cependant, lors de mon second combat pour le championnat de France (amateur poids mouche) que j'avais gagné et que j'ai perdu aux *points seulement*. Cela par ma faute, pour ne pas avoir écouté les conseils de M. Cajal qui dirigeait le combat. Il vous racontera lui-même le fait.

Le Combat du Furoncle.

— Votre combat le plus dur ?....

— Mon combat le plus dur? Je ne l'oublierai jamais. Je l'appelle le combat du Furoncle. Cette rencontre eut lieu à Pau, pour le titre de champion amateur départemental, le 3o Avril 1920. J'avais comme adversaire le jeune Gaude, un rude petit Béarnais, au cœur bien placé. Gaude avait l'intention bien déterminée de ravir mon titre.

Deux jours avant ce combat, un furoncle, gros comme un œuf fit son apparition sur ma joue gauche. Oh! la, la. Il me causait une telle douleur que je ne pouvais ni dormir, ni manger. Vint le soir du combat. Une heure avant, je demandais à M. Cajal si j'étais en état de tirer. (Ce n'est pas la crainte de mon adversaire mais bien la peur d'être handicapé par mon furoncle, qui me faisait parler ainsi).

« Tu me demandes si tu dois tirer? s'exclama M. Cajal. Certainement que tu dois tirer. Mon cher petit, ce furoncle ce n'est rien, oublie-le sur le ring. Tu vas défendre ton titre de champion. Va donc, ne t'en fais pas. Ton adversaire est une noix bien dure à craquer, je l'avoue, mais, tu le battras par la science. Ecoute mon conseil : au premier round, boxe et surtout pas de corps à corps, voilà la tactique et tu seras vainqueur.

Cinq minutes avant le combat, savez-vous ce qu'il fit ? Il alla trouver mon adversaire et lui dit : Ecoute, Gaude, tu n'as qu'une chance pour gagner Toto, tu vois cette tomate rouge qu'il a sur la joue gauche, eh ! bien, vas-y, vise et tape dessus. Croyez-moi, Gaude n'oublia pas ce conseil.

La cloche sonne. Je n'ai vu, pendant un instant, que des étoiles car mon furoncle avait été crevé par mon adversaire.

— Ça y est, s'écria M. Cajal, Vas-y, Toto : Ton *oncle* est parti.

Impressions.

Telle est l'expérience du ring et cette victoire, comme les autres, je la dois à M. Cajal. Dans chaque combat il me donne ses conseils et une tactique à suivre. Je ne l'oublie pas.

Je fus donc vainqueur de mon adversaire par abandon.

Votre impression, au moment du choc ?...

— Je rentre toujour sur le ring avec toute confiance. Dans chaque combat, je me présente sérieusement entraîné. Quand M. Cajal connait la condition de mon adversaire, je n'ai qu'à suivre la tactique qu'il me donne.

Mais, quand l'adversaire est inconnu, je boxe,

feinte et fais quelques attaques et défenses. Pendant l'intervalle du premier round je vous assure que M. Cajal connait bien vite, la condition physique, ainsi que les mérites ou défauts de mon « vis-à-vis ». C'est presque toujours à la deuxième reprise que je suis le plan de combat qui m'a toujours apporté la victoire.

Inutile de vous dire qu'avec derrière soi un homme de l'expérience de M. Cajal, on a une grande confiance lorsqu'on est sur le ring.

Sa subtilité, son encouragement, ses conseils sont la moitié de mes victoires.

Quelques détails.

— Fumez-vous ? Vos habitudes ?

— Non, jamais je ne fume, ni je ne fais usage de boissons alcooliques : 1° Je n'y tiens pas ; 2° Il m'est strictement défendu d'en faire usage par mon entraîneur. De temps en temps, je prends un léger rafraîchissement et bois toujours mon vin à mes repas. Je suis mécanicien. J'aime ma profession et je ne perds jamais une journée de travail. Lorsque je dois m'entraîner pour les championnats, je demande toujours la permission à mes patrons qui se font un plaisir de me l'accorder.

Le Combat du Biberon.

— Eûtes-vous un combat facile ?

— Oui, j'en ai eu un. Ce fut un combat de défi. Je vais vous narrer les amusants détails de ce tournoi auquel je ne puis penser sans me divertir follement.

C'était au mois de Décembre dernier. Nous sortions de l'entraînement avec M. Cajal et les élèves du Ring Béarnais. M. Cajal, nous invita, tous, à prendre un lait chaud, au café.... A peine assis, le propriétaire du café demanda à M. Cajal, s'il voulait laisser tirer un de ses élèves contre un Monsieur Moutet, qui se trouvait dans la salle. Devant l'heure tardive, M. Cajal refusa le combat pour le soir même, et le remit au lendemain, samedi, à 9 heures.

— Avez-vous jamais tiré ? demanda M. Cajal au jeune homme ?

— Oui, répondit Monsieur Moutet, j'ai déjà eu plusieurs combats à Pau.

— Très bien, ponctua flegmatiquement notre entraîneur technique. Et avec qui désirez-vous tirer ? Voilà ma petite classe.

— Je voudrais un bon tireur.

— Eh ! bien, conclut M. Cajal, je désigne mon petit Toto, qui pèse 49 kilos. Nous vous attendrons, samedi, à l'heure dite.

Je n'oublierai jamais, la figure et l'étonnement de M. Moutet, lorsque il apostropha M. Cajal :

— Eh là ! vous moquez-vous de moi ? Je veux bien me battre contre un homme, mais pas contre un gosse qui suce encore le biberon.

Cette appréciation risquée, me fit un peu monter la moutarde.

— Doucement, poursuivit M. Cajal, si ce biberon

n'est pas suffisant, je vous en procurerai un autre plus avantageux.

M. Moutet, pesait 63 kilos, (26 livres de plus que moi). Il me dépassait aussi de 12 centimètres. Me voyant si petit, il se sentait humilié. Bref, le match fut décidé pour le samedi soir.

Le combat se déroula au milieu d'une foule d'amis et de tous les élèves, dans la salle d'entraînement. Rencontre privée, oui, mais avec l'arbitre et le chrono-métreur officiel, de la F. F. B., gants réguliers de 8 onces.

Aussitôt sur le ring, M. Cajal, jugea de la condition physique de mon adversaire. Il me dit :

— Ecoute, Toto. n'oublie pas qu'il t'a appelé *Libe-ron*, aie confiance, tu es son maître. Lance lui la mi-traille du « Biberon » au premier son de cloche. C'est ce que je fis. Au premier appel, je lui envoie un hock sous la mâchoire. Premier knock down. Il se relève, l'uppercut, 2° know down. Le nom de « Biberon » résonnait toujours à mes oreilles.

Enfin, au bout de 2 minutes 11 secondes — officiel — je le mis 5 fois par terre et hors de combat.

Quand mon « Goliath » fut remis, il ne savait où il était, ni ce qui lui était arrivé.

— Monsieur, lui dit M. Péguilhan, quand vous aurez sucé pendant quelque temps de ce biberon, vous pour-rez envoyer des défis de boxe aux hommes comme Toto.

Voilà donc mon combat le plus facile, où la tactique et la volonté triomphèrent de la force brutale.

Dans le même mois, j'eus un autre défi. Au 1er round, j'envoyai mon adversaire au pays des songes. Quand il se réveilla il avait l'impression d'avoir un abcès à la joue gauche. Mais ce n'était qu'un rêve, car je le mis hors de combat dans 1 minute 29 secondes.

Déjà 9 heures ? et je dois être à l'entraînement. Venez donc avec moi !

J'emboîte le pas à Toto et, rapidement, nous arrivons à l'Académie de culture physique.

A la Salle d'Entraînement.

Voici Cajal. Je vais vers lui.

— Bonsoir, mon vieux...

— Bonsoir ,cher ami ! Comment allez-vous ? Très heureux de vour voir. Toto, vous a invité ? Mais parfait. Veuillez donc vous asseoir et observer attentivement l'entraînement de mes élèves.

Je comprends, maintenant, votre visite ; vous êtes venu pour voir les progrès de notre R. B.

Comment ? Toto vous a parlé de la boxe ? Ça m'étonne, car Toto est un petit garçon très discret, très modeste, presque timide.

Oui, je vois en lui une vraie vedette. Et j'ai bon espoir pour les championnats du monde (Olympiades qui doivent avoir lieu à Paris en 1924). A son âge, il a eu un des plus beaux records d'amateur. Il le doit à son intelligence, à son dévouement, à son obéissance à mon égard.

Je le considère comme un boxeur des plus scientifiques et des plus courageux. Je suis réellement orgueilleux de mon petit protégé.

Le Championnat de France.

Les deux combats pour le championnat de France en Juin 1921, ont été pour lui, une épreuve mémorable de volonté et de persévérance.

Voici le record officiel de toutes ces rencontres, et vous verrez que dans ce championnat inoubliable, Toto fut le seul des poids mouche qui fit deux combats à outrance dans l'espace de trois heures. Pour que vous compreniez mieux l'importance d'un championnat national, je vais vous expliquer les conditions de ceux qui peuvent y participer.

Tout boxeur qui a gagné le championnat départemental et régional de sa catégorie est seul admissible. Toto, remplissait les conditions. Il était donc qualifié pour combattre pour le Championnat de France. Dans ce championnat, trente régions étaient représentées. Comme chaque région se compose de 8 champions de chaque catégorie, il y avait donc 240 athlètes, c'est-à-dire 8 poids mouches, huit poids cocqs, 8 poids plumes, 8 poids légers, 8 poids welter, 8 poids mi-moyens, 8 moyens, 8 mi-lourds et 8 lourds.

Le championnat devait avoir lieu à Lyon. Nous partîmes donc quelques jours avant la date fixée.

Le deuxième jour qui suivit notre arrivée à Lyon, j'allai me procurer tous les renseignements nécessaires sur les heures et les conditions du combat. Dans tous les championnats amateurs, les adversaires de chaque catégorie sont choisis par tirage au sort. Très étonné, j'apprends que Toto avait été nommé et choisi par le Comité, au lieu d'être désigné par le tirage au sort. Je proteste immédiatement contre cette partialité. Nous avons classé, me répond-on, les champions, suivant leur record. Comme votre protégé en possède un des meilleurs, nous l'avons classé contre Poitier, le champion des régions champenoises. Demain, tenez votre « poulain » prêt à monter sur le Ring à 3 heures, ou déclarez forfait. Ce classement, est très injuste, précisais-je, car vous favorisez le champion de France, qui est parisien. Mais, comme vieux et bon sportsman, je serai là avec mon béarnais.

Le pesage des mouches eut lieu : Toto, 47 k. 500.

Arrive l'heure du combat. J'attends que notre adversaire entre le premier sur le ring pour pouvoir juger de sa condition physique. Je vois alors, en Poitier, un des plus gros et grands mouches que j'aie jamais vu de ma vie. Son poids accusait 50 k. 800, âge 19 ans, grand, élancé, avec des bras longs comme des ailes de moulin à vent. Tout bien calculé, j'adopte immédiatement la tactique que Toto doit suivre, c'est-à-dire de tater l'adversaire par la science et la boxe. Cette tactique, il la suivit admirablement. Elle lui valut d'ailleurs la victoire. Lorsque Toto rentra dans le ring, il fut accueilli par des applaudissements frénétiques. La sympathie du public avait été gagnée comme par enchantement.

La cloche sonne.

Poitier se met immédiatement à l'œuvre, avec ses longs bras, par des swings, directs etc.. etc.. Toto, évite tous ces coups par un jeu de jambes, digne d'un maître.

Au deuxième round, l'issue de la rencontre n'était pas douteuse.

En effet, à la fin du dernier round, Toto fut déclaré vainqueur et tout le monde l'acclama.

J'allais prendre un taxi pour amener Toto à l'hôtel, lorsque l'arbitre vint me trouver et me dit : M. Cajal, tenez prêt votre poulain pour ce soir 7 heures. Il est désigné pour un autre combat. »

J'en restai abasourdi.

« Mais, dis-je, tenez-vous donc à faire tuer mon petit Toto ? Je n'ai jamais vu une injustice pareille.»

Nous vous avons déjà prévenu que notre temps était limité. Nous devons, pour faire les combats de classement, user de ce moyen. C'est à vous à choisir : Emmenez votre homme ou déclarez forfait.

Je compris, de suite, que le Championnat amateur devait rester à Paris, par tous les moyens possibles. Toto devenait dangereux. Par le 1ᵉʳ combat, notre petit béarnais affirmait qu'il aurait partout gain de cause et qu'il battrait le champion de France, Glaise.

Je fus donc obligé d'accepter l'injuste proposition.

— Quel est son adversaire, demai-je ?

— Pujol, de Bordeaux, le champion de la Côte d'Argent, me répondit-on.

— Mais, Messieurs, j'ai formulé, hier, une protestation contre Pujol, parce que boxeur professionnel.

— Oui, nous le savons, votre réclamation est en règle. Le Comité l'examinera et prendra une détermination après la réunion des championnats.

Mais après examen de ma réclamation, je tins à dire, en toute justice, que Pujol, de Bordeaux, qui fut l'adversaire de Toto, n'était pas le Pujol professionnel qui avait tiré aux Arènes.

On commit envers Pujol la même injustice qu'envers Toto.

A 7 heures, Toto et Pujol étaient en tenue de combat.

Inutile de dire que Pujol était dans de meilleures conditions que Toto, puisque Pujol n'avait pas combattu de la journée.

Pujol n'avait sur Toto que quelques centimètres et quelques livres de plus.

Aussitôt que les deux adversaires entrèrent sur le Ring, ce fut, pour Toto, une ovation des plus enthousiastes.

Comme d'habitude, je remarquai la condition physique de Pujol et donnai à Toto la tactique à suivre.

La cloche sonne.

Pujol cherche le corps à corps, mais Toto était trop leste pour lui.

Au premier coup de cloche, le premier round restait tout en faveur de notre champion.

Au deuxième round, Pujol lance bas, à toute force, contre Toto qui commence à pâlir. Je réclame. Les juges reconnaissent le coup et accordent à Toto deux minutes de repos.

— Comment te sens-tu Toto ?

— Je vais bien.

— Veux-tu continuer ? Si tu ne peux, reste assis et ton championnat est gagné.

S'il était resté assis, Toto aurait été déclaré champion de France, par disqualification de son adversaire.

A la 3ᵉ reprise, Toto se lève et se lance comme un Bull Dog sur son adversaire qui, malgré tout, est vainqueur aux *points seulement*.

Si Toto avait écouté mes conseils, en restant assis, il aurait gagné le championnat.

Mais je préfère qu'il ait perdu ce combat avec courage que s'il l'avait gagné par une faute involontaire de son adversaire.

Voilà donc, comment Toto, gagna et perdit son championnat de France.

Quant au brave petit Pujol, il lui advint ce qui était arrivé à Toto.

Le lendemain matin, souffrant encore du combat de la veille, on lui opposa Glaise, champion de France. Au 3ᵉ round, la décision fut pour Glaise, aux points seulement.

Lorsque Glaise battit Pujol, il n'avait qu'un combat

contre un jeune, nommé Hesleerr. Ce dernier n'aurait pas tenu devant Toto et Pujol. Je répète les paroles prononcées par celui-ci, après son combat.

Depuis ce combat, Glaise est devenu professionnel et notre petit champion Béarnais, actuellement se trouve dans la catégorie des coqs pesant 52 kilos et 1 mètre de tour de poitrine.

Confidences.

Dans sa carrière de poids mouche, Toto a gagné deux championnats départementaux de novices, trois championnats départementaux, 2 combats de défi. Il a fait 1 match nul contre poids coq. Il a gagné un championnat Régional Béarn-Armagnac-Bigorre. Enfin, il n'a perdu qu'aux points seulement son second combat pour le championnat amateur de France, après avoir été touché bas.

Ses combats forment un record officiel à la F. F. B.

Je n'ai jamais connu, à son âge, un record si net, ni en Europe ni aux Etats-Unis.

Dorénavant, dans sa nouvelle catégorie de poids coq, il aura à recommencer et à gagner ses lauriers de championnat départemental et régional. Il pourra ainsi représenter les couleurs du R. B. au championnat amateur, poids coq, de France, qui aura lieu à Paris, le 5 Juin 1922.

Son premier combat comme prétendant au titre de champion poids coq départemental aura lieu le mois de Mai, à Pau, sous les auspices du Ring Béarnais.

Le public aura donc le plaisir de revoir Toto, dans sa plus belle forme.

Lui, devenir professionnel ? Non, je ne le crois pas.

D'abord, il doit faire son service militaire. La boxe lui sera d'une grande utilité, le gouvernement prescrivant la Culture Physique dans les écoles et les Lycées. Je suis persuadé que lorsque Totot arrivera au régiment, il ne tardera pas à obtenir le brevt d'aptitude militaire.

S'il garde encore son « hermine pure d'amateur », je lui ferai traverser la mer, et là-bas dans mon pays d'adoption, aux Etats-Unis, après deux combats de championnats amateurs, il pourra revenir en France.

Je n'ai aucun intérêt pécuniaire à m'occuper de Toto. Deux autres gosses m'ont été confiés. Je leur donnerai comme à tous les autres élèves, gracieusement, les conseils de mon expérience.

L'Entraînement.

Vous avez assisté à l'entraînement. Mais ils sont fatigués tous ces jeunes gens me direz-vous ? Pas du tout. Pas la moindre fatigue, ils sont déjà en forme, tant en souffle qu'en vitesse.

Les jeunes gens sont classés dans 3 catégories : Seniors, Juniors et Novices.

Les seniors, sont les champions nationaux.

Les juniors, les champions départementaux et les novices ceux qui n'ont jamais boxé, en public.

Chaque élève a reçu toute la culture physique par les soins de M. Péguilhan.

Je ne permets jamais à un novice de mettre les gants sans qu'il ait passé par la culture physique nécessaire.

L'entraînement que je viens de leur faire subir est une méthode américaine.

Au début je leur demandais tous les coups en Anglais. Pour toute réponse ils m'envoyaient des swings, hooks, uppercut, directs etc.. Une fois qu'ils étaient très familiarisés avec ces coups, je n'usais plus que des signes.

Avez-vous remarqué le silence durant l'entraînement? Il est indipensable, car sans silence, pas de discipline, sans discipline pas d'entraînement, sans entraînement pas de succès.

Avant de suivre un cours de boxe, chaque élève donne sa parole d'honneur de ne fumer, ni de faire usage des boissons alcooliques, exception faite, pour de légers rafraîchissements.

Pour être admis comme membre actif du R. B. nos Statuts ne regardent pas la position sociale ou financière du candidat, mais, seulement, sa mentalité et moralité.

Quelques Réflexions sur la Boxe et la Culture Physique.

L'œil, la science, la vitesse, le souffle et l'intelligence sont les éléments nécessaires pour la boxe.

L'entraînement de culture physique est rigoureusement obligatoire aux Etats-Unis.

Je puis affirmer que la Boxe est le sport qui occasionne le moins d'accidents.

J'aime la boxe et aussi tous les sports athlétiques.

Mais autant j'aime le sport amateur, autant je déteste le sport professionnel.

Je pratique le sport pour la distraction que j'y trouve ainsi que pour ma santé.

Tout sport athlétique est un art.

En m'entraînant moi-même et en entraînant une belle jeunesse, je crois remplir un devoir social.

L'athlète professionnel n'a qu'un but : l'intérêt.

Poussé par l'intérêt, il se livre à des combinaisons peu scrupuleuses.

Il y a longtemps que je bavarde, mon cher ami. Je crois que si je vous parle encore longtemps de boxe, vous en connaîtrez plus long que moi ?

Enfin, venez me voir lorsque cela vous fera plaisir. Nous serons toujours heureux de vous recevoir. Si vous le préférez, venez de temps en temps mettre une paire de gants pour essuyer, avec moi, votre premier feu de baptême.

Mais c'est l'heure. — TIME.

RECORD OFFICIEL

Prosper POEYTO
(TOTO)

CHAMPION POIDS-MOUCHE
Béarn-Armagnac-Bigorre 1920-1921

Pau, 8 Mai 1920. — Championnant Béarn. — Vainqueur de Maury, par abandon, 3e round.

Pau, 8 Mai 1920. — Championnat Béarn. — Vainqueur de Couartou, par forfait.

Tarbes, 28 Mai 1920. — Championnat Béarn-Armagnac-Bigorre. — Vainqueur de Lavedan aux points.

Tarbes, 21 Décembre 1920. — Challenge du Poilu. — Match nul, contre Doussine, poids coq.

Pau, 30 Avril 1920. — Championnat Béarn. — Vainqueur de Gaude, 3e round, par abandon.

Pau 21 Mai 1921. — Championnat Béarn-Amagnac-Bigorre. Vainqueur de Dizac.

Pau, Décembre 1921. — Match défi et vainqueur de Moutet, 63 kilos par knock-out, dans 2 minutes.

Pau, Décembre 1921. — Match défi.— Vainqueur de Laplace 61 kilos par knock-out. (1 m. 14 s.).

Lyon, 5 Juin 1921. — Championnat et amateur de France. — Vainqueur de Poitier, Champion des Régions Champenoises.

Lyon, 5 Juin 1921. — Championnat amateur de France. perd, aux points seulement, après avoir été touché bas, au 2e round, et avoir fait 2 combats, le même jour.

J'ai fidèlement reproduit mes deux conversations avec Toto, puis avec Cajal. Je suis convaincu qu'elles intéresseront le public par les détails qu'il y pourra trouver. Je considérerais ma mission comme terminée, s'il ne m'était agréable d'ajouter quelques lignes à l'adresse de M. Cajal.

Depuis son retour parmi nous, Cajal n'a cessé d'être le mécène sportif de notre coquette cité. S'intéressant à tout et à tous, il a puissamment contribué au développement sportif de la jeunesse béarnaise. On lui doit beaucoup. Il se soucie fort peu, du reste, de la reconnaissance des uns ou des autres ; il connaît, hélas ! les faiblesses du cœur humain ; il les excuse et même les pardonne.

Généreux jusqu'à la prodigalité ; bon jusqu'à l'extrême limite de la sollicitude, Cajal est un ami fidèle sur lequel on peut toujours compter.

Et, si vous demandez à ce grand cœur, et à ce grand sportif, devant l'Eternel, quel est, actuellement, son rêve le plus cher, il vous répondra que c'est de voir le petit Toto parvenir aux plus brillantes destinées du Ring. Il y parviendra grâce à ses qualités, grâce surtout à la ténacité, à la persévérance, à la conviction invincible de son protecteur.

Faire le bien, tout court, est une belle chose, mais faire le bien intelligemment, c'est peut-être le secret de vivre pour ceux que favorise la roue de la Fortune.

Cajal est un sage, il est heureux : il mérite son bonheur.

SIZONCE.